Tontopf-Spaß im Landhausstil

Tontopf-Figuren erfreuen sich immer größerer Beliebtheit. Mit diesem Buch stelle ich Ihnen eine Vielzahl an dekorativen, praktischen und nützlichen Ideen im neuen Country-Stil vor. Dabei bilden Tontöpfe in unterschiedlichen Größen und Formen die Basis. Sie werden miteinander kombiniert, mit Naturmaterialien ergänzt oder mit deckenden Farben bunt und fröhlich bemalt. So gelingen Ihnen kleine Kunstwerke, die ländlichen Charme verbreiten, wie z. B. der Gartenengel oder eine Katze, die Ihre Gäste schon vor der Haustüre willkommen heißt. Nützliche Accessoires wie ein Zwiebel- und Knoblauchtopf, witzige Bestecktöpfe, eine Kräutertopf-„Berta" oder zwei freundliche Legehennen, in denen frische Landeier bestens aufgehoben sind, sollten in der Country-Küche nicht fehlen.

Ich wünsche Ihnen viel Freude beim Basteln, Gestalten und Dekorieren,

Ihre Petra Boniberger

Inhaltsverzeichnis

Alles über Tontöpfe

• **Ton- oder Terrakottatöpfe** (ital. Terracotta = gebrannter Ton) gibt es in den verschiedensten Größen und Formen. Diese verschiedenen Arten von Tontöpfen erhalten Sie in Bastelgeschäften, in gut sortierten Baumärkten oder in Blumengeschäften. Hier finden Sie auch Keramiktöpfe, also gebrannte und glasierte Tontöpfe.
Tontöpfe sind als herkömmliche Blumentöpfe erhältlich, aber auch als schlanke, hohe Rosentöpfe, Halbtöpfe, bauchige Glockentöpfe, flache Untersetzer, spitz zulaufende oder kugelförmige Töpfe.
Mit den Blumen-, Rosen- und Glockentöpfen werden gerne die Körper der Tontopf-Figuren gebastelt. Halbtöpfe lassen sich zum Beispiel für Gesichter oder Arme verwenden. Untersetzer eignen sich für die Gestaltung von Kragen, Gesichtern, Pflanz- oder Trinkschalen. Die spitz zulaufenden Töpfe sehen als Schnäbel oder Hüte lustig aus. Kugelförmige Töpfe sind für Köpfe zu empfehlen.
Besonders beliebt sind Mini-Tontöpfchen. Diese sind sehr vielfältig einsetzbar und können für Körper, Arme, Beine, Ohren oder Nasen verwendet werden.
Für das Basteln von Tontopf-Figuren benötigen Sie neben den Tontöpfen folgende Materialien und Werkzeuge:

• Zum Verkleben der Tontöpfe miteinander und mit anderen Materialien sind **Kraft-** oder **Alleskleber, Silikonkleber, Montage-Acrylkleber, Holzleim** und **Heißkleber** geeignet. Überquellender Klebstoff lässt sich gut mit einem Wattestäbchen entfernen.

• Zu den notwendigen Hilfsmitteln gehören **Schere**, einfaches oder doppelseitiges **Klebeband, Nadeln** und **Holzstäbchen**.
Als Köpfe, Nasen oder Hände eignen sich am besten Holz- und Styroporkugeln in verschiedenen Größen.

• Zum Verbinden der Arme und Beine mit dem Körper bietet sich **Bast** oder **Paketschnur** an. Mit Bast, den man in verschiedenen Farben kaufen kann, lassen sich auch Haare gut gestalten.

• Für Haare eignen sich außerdem **Hanf, Langhaar-Plüsch** oder **Engelshaar**.

• Mit Stoffresten, Draht, Filz, Perlen, Bändern, Knöpfen, Federn, Pappkarton, Moosgummi, Rupfen, Pfeifenputzern und künstlichen oder echten Blumen kann man die Figuren wunderbar verschönern.

• **Schleifen, Bänder** oder Ähnliches eignen sich zum Verdecken von unschönen Verbindungsstellen der Tontöpfe oder von Übergängen.

• Zum Bemalen der Tontöpfe bieten sich **Bastelfarben, Acrylfarben**, spezielle **Terrakottastifte** oder **Dekomarker** an. Beim Bemalen ist darauf zu achten, dass die Farbe mindestens zweimal aufgetragen werden muss, damit sie deckt.

• **Klarlack, Acryllack** oder **3D-Lack** bieten den notwendigen Schutz vor Nässe, wenn die Tontopf-Figur auf Balkon oder Terrasse stehen soll.

• Für das Bohren von Löchern in Tontöpfe empfiehlt sich ein **Handbohrer** oder eine **Bohrmaschine** (am besten mit Bohrständer und einem 5 mm Steinbohrer-Aufsatz). Der Bohrer sollte senkrecht auf die Tonfläche treffen. Dabei nicht zuviel Druck ausüben! Die Bohrspitze gegen ein evtl. Heißlaufen mehrmals in einem Glas Wasser mit Spülmittel kurz abkühlen. Bei mittlerer Drehzahl bohren!

• Mit Hilfe einer feingezahnten **Säge** können Tontöpfe auch gesägt werden.

Große Tontopf-Übersicht

Arten	Bezeichnungen	Größen	Eignung
	Blumentopf	8 – 23 cm Ø	geeignet für Körper, Kopf, Hut, Klangspiel
	Rosentopf	7 – 22 cm Ø	geeignet für Körper
	runder Wandtopf	3 – 11 cm Ø	geeignet für Gesicht, Arme, Körper
	Glockentopf	9 – 17 cm Ø	geeignet für Körper, Klangspiel
	Untersetzer	6 – 21 cm Ø	geeignet für Kragen, Gesicht, Pflanz- und Trinkschalen
	spitzer Wandtopf	12 – 17 cm Ø	geeignet für Schnabel, Hut
	kugelförmiger Topf	5,5 cm Ø	geeignet für Köpfe
	Minitopf	1,5 – 6 cm Ø	geeignet für Körper, Arme, Beine, Ohren, Nasen, Körper

Tontopf-Figuren mit Schlenkergliedern

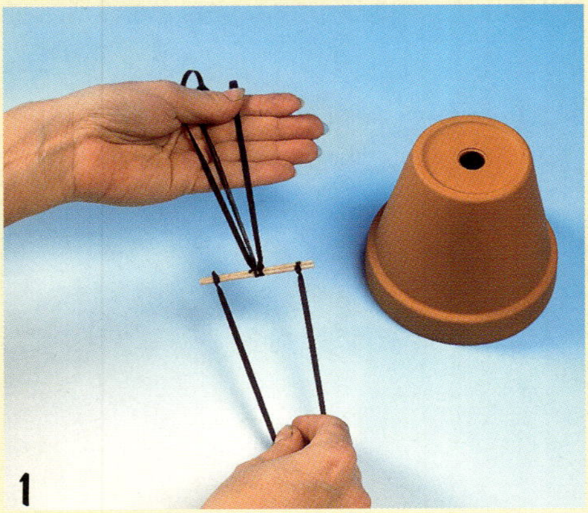

1

2

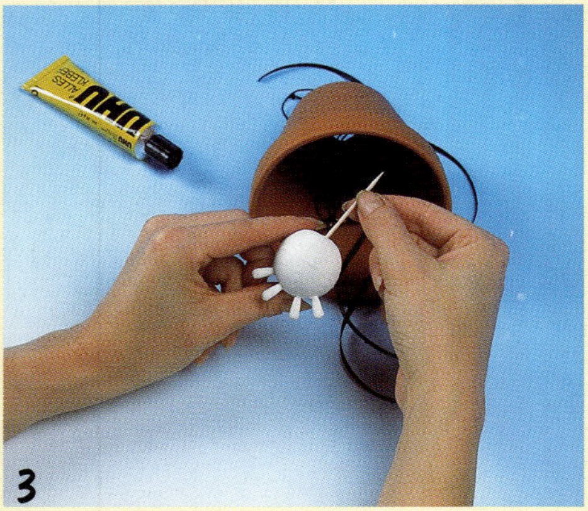

3

1. Für die Anbringung von Armen und Beinen an eine Tontopf-Figur nach dem Muster des Kuh-Modells von Seite 18 benötigen Sie Folgendes: Ca. 30 cm langes Geschenkband in Schwarz für die Arme sowie zwei weitere ca. 30 cm lange Geschenkbandstücke für die Beine. Außerdem Stickgarn in gewünschter Länge für die spätere Aufhängung sowie in ca. 20 cm Länge für den Euter. Schneiden Sie aus einem Schaschlikspieß zwei Hölzchen in der Größe des Tontopf-Bodens zu. Am einfachsten geht dies, wenn Sie einen Seitenschneider benutzen. Knoten Sie das Band für die Arme und die Garnstücke für Aufhängung und Euter jeweils mittig an die Hölzchen. Knoten Sie die Bänder für die Beine links und rechts an die Hölzchen.

2. Schieben Sie das angeknotete Hölzchenbündel von außen durch das Loch im Tontopf nach innen. Führen Sie dabei nur die Beinbänder sowie das Garn für den Euter mit in das Topfinnere. Richten Sie die Hölzchen innen quer über dem Bodenloch des Tontopfs aus und fixieren Sie diese dort ggf. mit etwas Klebstoff.

3. Schneiden Sie für den Euter vier Wattestäbchen-Spitzen ab und kleben diese auf eine Wattekugel mit 35 mm Durchmesser. Stechen Sie nach dem Trocknen mit einem Zahnstocher ein Loch für die Aufhängung in den so gefertigten Euter und befestigen das Garn mit einem Tropfen Klebstoff darin.

4. Schieben Sie nun nacheinander die Töpfchen für die Hufe auf die vorbereiteten Bänder für Arme und Beine. Knoten Sie zur Sicherung der Töpfchen jeweils eine Holzperle in die Bänder ein.

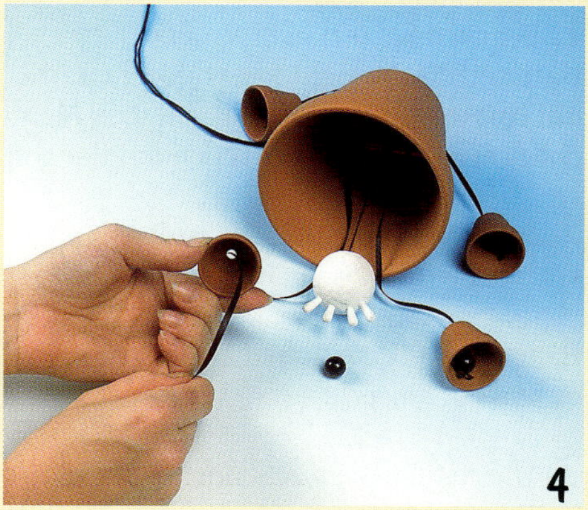

4

5. Schneiden Sie den Rand eines Puddingbechers bis zu einer Höhe von 4,5 cm ab. Kleben Sie den Becher dann auf eine Styroporkugel mit 6,5 cm Durchmesser. Setzen Sie Tapetenkleister entsprechend den Herstellerangaben an und bestreichen mit diesem dann Kugel und Becher. Legen Sie klein gerissene Seidenpapierstücke leicht überlappend auf und überstreichen nochmals alles mit Kleister. Gut trocknen lassen. Führen Sie mit einer langen Bastelnadel das Garn für die Aufhängung durch den fertigen Kopf. Verknoten Sie das Garn dann zu einer Aufhängeschlaufe.

5

6. Tragen Sie nun auf den Boden des Körpertopfs rund um das Bodenloch Klebstoff auf. Tragen Sie dabei den Klebstoff nur mit einem relativ dünnen Film auf, damit dieser nicht beim Zusammensetzen der Figur seitlich herausquillt und unschöne Kleberänder verursacht. Schieben Sie dann den Kopf an dem Aufhängeband nach unten und drücken ihn fest auf den Tontopf-Boden. Ziehen Sie dabei gleichzeitig das Aufhängeband straff. Lassen Sie den Klebstoff gut trocknen. Nun kann die Tontopf-Figur bemalt, beklebt oder auf andere Weise fertig ausgestaltet werden.

6

Tipp: *Sollten sich die Verknotungen der glatten Bänder an der Holzstäbchen-Verankerung lockern, fixieren Sie diese zusätzlich noch mit ein wenig Klebstoff.*

Der Sonne entgegen

1. Bemalen Sie den äußeren Boden des Untersetzers mit Gelb. Lassen Sie die Farbe gut trocknen. Zeichnen Sie dann den Mund mit Schwarz und die Bäckchen mit Rot ein.

2. Bringen Sie die Holz-Halbkugeln mit Kraftkleber als Nasen an und bemalen diese dann mit Orange. Kleben Sie die Halbperlen für die Augen am besten mit Hilfe einer Pinzette auf.

3. Übertragen Sie pro Sonnenblume die Vorlagenzeichnungen für den Kreis und die Blüte auf Tonkarton und schneiden Sie beides aus.

4. Legen Sie nun die Blüten-Schablone auf den gelben Filz auf und fahren die Kontur zweimal mit einem Bleistift B2 nach. Schneiden Sie dann die Blüten aus dem Filz aus.

5. Bestreichen Sie den Tonkarton-Kreis auf der Vorder- und der Rückseite mit Klebstoff und fixieren Sie ihn dann zwischen den beiden Blüten. Bringen Sie die beiden Blütenteile dabei versetzt an, so dass eine schöne, volle Sonnenblumenform entsteht.

6. Kleben Sie nun den bemalten Untersetzer auf die Blüte. Bringen Sie Satinband als Aufhängung auf der Rückseite an. Kleben Sie dann den zweiten Untersetzer dagegen. Knoten Sie zum Schluss in das obere Bandende eine Aufhängeschlaufe.

Material:

- *4 Tontopfuntersetzer, Ø 7 cm*
- *2 Holz-Halbkugeln, Ø 15 mm*
- *4 Halbperlen in Schwarz, Ø 3 mm*
- *Bastelfilz in Gelb*
- *Satinband in Gelb, 3 mm breit*
- *Marabu-Decormatt Bastelfarbe in Mittelgelb, Schwarz, Zinnoberrot, Orange*
- *Tonkarton*
- *Transparentpapier*
- *Bleistift*
- *Pinsel*
- *Schere*
- *Kraftkleber*

Vorlage 1

Bienen-Girlande

1. In jeden Tontopf unterhalb des Topfrandes auf zwei gegenüberliegenden Seiten jeweils ein Loch bohren. Auf den Chenilledraht eine große Holzperle schieben, den Draht zu einer Schlaufe biegen und das Ende in die Perle stecken. Die Verbindung mit etwas Draht zusätzlich straff umbinden. Nun den Chenilledraht durch die Töpfchen ziehen, dabei auf beiden Seiten der Töpfchen jeweils eine große Holzperle mit auffädeln. Als Abschluss wie beschrieben eine weitere Schlaufe fertigen.

2. Fünf Wattestäbchen-Spitzen abschneiden und diese als Nasen auf die Wattekugeln kleben. Die Köpfe gelb bemalen, dann die Gesichter aufzeichnen. Mit der Spitze eines Wattestäbchens die Bäckchen in Rot aufstempeln.

3. 20 Chenilledraht-Stücke à 2 cm zuschneiden. Den Draht etwas biegen und die kleinen Holzperlen mit Kraftkleber befestigen. Mit der Sticknadel pro Kopf zwei Löcher in die Kugel stechen und die Fühler mit dem Heißkleber darin fixieren. Die Köpfe dann auf die Tontöpfe kleben.

4. Von der Flügel-Vorlage eine Tonkarton-Schablone anfertigen. Diese Schablone auf den Filz auflegen, die Konturen mit einem Bleistift B2 umfahren und ausschneiden. Die Flügel von hinten gegen die Tontöpfe kleben. Für die Fliegen einige Bastfäden bündeln und in der Mitte mit Basteldraht straff abbinden. Die Drahtenden ineinander verdrehen, die Bindung mit einem weiteren Bastfaden kaschieren. Die Fliegen anbringen, zum Schluss die Töpfchen mit den Dekoblümchen verzieren.

Material:

- *5 Tontöpfe, Ø 4,7 cm*
- *5 Wattekugeln, Ø 30 mm*
- *10 Holzperlen in Hellbraun, Ø 8 mm*
- *10 Holzperlen in Dunkelbraun, Ø 5 mm*

- *Bastelfilz in Gelb, Naturbast*
- *Dünner Basteldraht*
- *Kleine Kunstblümchen*
- *Chenilledraht in Gelb, ca. 90 cm, Ø 9 mm*
- *Marabu-Decormatt Bastelfarbe in Gelb, Schwarz, Scharlachrot*
- *Tonkarton, Transparentpapier*
- *Bohrmaschine mit 5 mm-Bohraufsatz*
- *Wattestäbchen, Pinsel, Bleistift*
- *Spitze Sticknadel, Schere*
- *Kraftkleber, Klebepistole*

Vorlage 2

Entchen Emil liebt's gemütlich

1. Den Tontopf mit Azurblau bemalen und gut trocknen lassen. Die Holzkugel auf einen Pinselstiel stecken und mit Weiß bemalen. Trocknen lassen.

2. Den Schaschlikspieß soweit kürzen, dass er als Stopper quer über das Bodenloch des Tontopfes gelegt werden kann. Das Stickgarn für die Füße an dem Hölzchen festknoten und durch die Topföffnung nach unten führen. Die Kugel für den Kopf mit Kraftkleber auf den Tontopf kleben. Alles gut trocknen lassen.

3. Die Vorlagen auf Tonkarton übertragen und ausschneiden. Diese Schablonen auf Filz in den entsprechenden Farben auflegen und die Konturen des Schnabels einmal, der Flügel zweimal und der Füße ebenfalls zweimal mit einem Bleistift B2 umfahren. Alle Formen aus dem Filz ausschneiden.

4. Den Schnabel auf den Kopf kleben, die Halbperlen als Augen anbringen. Die Feder und das Blümchen in der oberen Kugelöffnung fixieren. Die Flügel an den Seiten des Tontopfes befestigen. Mit Hilfe der Sticknadel die Füße aufziehen. Unter den Füßen als Sicherung je eine Perle auffädeln, dann das Garn verknoten.

5. Etwas Seegras bündeln und in der Mitte mit Basteldraht straff abbinden. Das Gras mit Heißkleber auf dem Kranz fixieren. Die Wattekugel als Sitzfläche im Kranz anbringen (siehe Foto). Die Ente dann mit Heißkleber auf der Kugel befestigen. Aus dem Bast die Aufhängeschlaufe anknoten. Aus mehreren Bastfäden eine Schleife binden und auf den Kranz kleben. Zum Schluss den Kranz mit Gänseblümchen dekorieren.

Material:

- *1 Tontopf, Ø 4,7 cm*
- *1 Holzkugel, Ø 35 mm, 1 Wattekugel, Ø 35 mm*
- *2 Halbperlen in Schwarz, Ø 3 mm*
- *2 kleine Holzperlen*
- *1 Weidenkranz, Ø ca. 19,5 cm außen und 13,5 cm innen*
- *Seegras in Grün, Naturbast*
- *Marabufeder in Weiß*
- *Gänseblümchen*
- *Marabu-Decormatt Bastelfarbe in Weiß und Azurblau*
- *Tonkarton, Transparentpapier*
- *Basteldraht, Schaschlikspieß*
- *Stickgarn in Gelb, Sticknadel*
- *Pinsel, Schere, Bleistift*
- *Kraftkleber, Klebepistole*

Vorlage 3

Leichtgewichte schwer in Form

1. Die Tontöpfe mit Weiß grundieren. Trocknen lassen, dann einen weiteren Farbauftrag in Gelb anbringen. Die Holzkugeln auf Pinselstiele stecken und ebenfalls mit Gelb bemalen. Für die Tischtuchbeschwerer die Wäscheklammern auseinander nehmen und orange malen. Trocknen lassen. Mit der Bohrmaschine in jede Klammer ein kleines Loch bohren (siehe Foto). Die Klammern danach wieder zusammensetzen.

2. Die Vorlage für Schnabel und Flügel auf Tonkarton übertragen und ausschneiden. Diese Schablonen nun auf Filz in den entsprechenden Farben auflegen und die Konturen des Schnabels zweimal, die des Flügels viermal mit einem Bleistift B2 umfahren. Die Formen aus dem Filz ausschneiden.

3. Die Schnäbel auf die Kugeln kleben. Die Flügel an den Seiten der Tontöpfe anbringen. Die Augen mit Schwarz aufsetzen. Dann die Köpfe mit Kraftkleber auf die Tontöpfe kleben.

4. Pro Ente Satinband von ca. 40 cm Länge zuschneiden. Das Band doppelt nehmen und mit der Sticknadel durch den Kopf und den Körper ziehen. Sollen die Entchen als Tischtuchbeschwerer eingesetzt werden, das Band vorher durch das Loch der Wäscheklammer ziehen. Die Holzfüße auf die Bandenden fädeln, das Band verknoten. Mehrere Stücke Stickgarn bündeln und in der Mitte straff abbinden. Die Bündelchen dann im Loch der Kopf-Kugel fixieren.

Material:

- *2 Tontöpfe, Ø 3,5 cm*
- *2 Holzkugeln, Ø 2,5 cm*
- *4 ovale Holzfüße, 40 x 28 mm*
- *Bastelfilz in Orange und Gelb*
- *Satinband in Gelb, 3 mm breit*
- *Stickgarn in Gelb, Sticknadel*
- *2 Holz-Wäscheklammern*
- *Bohrmaschine oder Nagelbohrer*
- *Marabu-BasicColor Plakatfarbe in Weiß, Gelb, Orange, Schwarz*
- *Tonkarton*
- *Transparentpapier*
- *Pinsel, Bleistift*
- *Schere*
- *Kraftkleber*

Vorlage 4

Der Koch wünscht „Guten Appetit"

1. Bemalen Sie den Tontopf mit Weiß und lassen ihn dann trocknen. Kleben Sie eine kleine Holzperle als Nase auf die Holzkugel. Malen Sie nun den Kopf hautfarben an, die Nase arbeiten Sie mit Altrosa. Wiederum gut trocknen lassen.

2. Kleben Sie die Indianerperlen als Augen auf. Tragen Sie dazu den Kraftkleber mit der Zahnstocherspitze auf und drücken Sie die Perlen dann in den Klebstoff. Benutzen Sie zum Halten der Perlen am besten eine Pinzette. Malen Sie danach die Mundlinie und die Bäckchen auf.

3. Kürzen Sie den Schaschlikspieß auf den Durchmesser des Topfbodens. Knoten Sie zwei Bänder an das Hölzchen, schieben Sie dann das Hölzchen mit den Bändern für die Beine durch die Topföffnung und fixieren es mit etwas Klebstoff über dem Bodenloch des Tontopfes.

4. Fädeln Sie die Holzperlen für die Hände und die Füße auf das Band und verknoten dieses dann unter den Perlen. Kleben Sie danach den Kopf mit Kraftkleber auf den Topfboden.

5. Zeichnen Sie für die Mütze mit dem Zirkel einen Kreis mit 11 cm Durchmesser auf weißen Filz und schneiden diesen dann aus. Nehmen Sie das Nähgarn doppelt und ziehen es im Abstand von 2 mm zur Außenkante mit kleinen, einfachen Nähstichen durch den Filz. Raffen Sie den Filz zur Größe des Kopfes und verknoten die Garnenden.

6. Setzen Sie dem kleinen Koch nun die Mütze auf und fixieren diese zusätzlich mit etwas Klebstoff. Schneiden Sie einen schmalen Filzstreifen zu, benutzen Sie dabei für die obere Kante die Zickzackschere. Kleben Sie den Streifen dann um den Kopf und die Mütze.

7. Ziehen Sie mit der Sticknadel zwei Perlonfäden durch Kopf und Mütze und verknoten diese im Topfrumpf fest miteinander. Die beiden oberen Enden ebenfalls miteinander verknoten. Kürzen Sie den Schaschlikspieß auf 12 cm, die Enden eventuell etwas anspitzen. Setzen Sie die Holzkugeln auf die Enden des Spießes, stecken Sie dabei einen Perlonfaden zum Aufhängen mit ein. Befestigen Sie nun den Koch und das kleine Kochgeschirr am Hölzchen.

Material:

- *1 Tontopf, Ø 4,7 cm*
- *1 Holzkugel, Ø 35 mm*
- *Kleine Holzperlen (Nase und Knöpfe)*
- *2 Indianerperlen (Augen)*
- *4 Holzperlen (Hände und Füße)*
- *Geschenkband in Weiß, 3 mm*
- *Perlonfaden, spitze Sticknadel*
- *Bastelfilz in Weiß*
- *Nähgarn in Weiß, Nadel*
- *Kleines Kochgeschirr aus Holz*
- *Marabu-Decormatt Bastelfarbe in Weiß, Hautfarbe, Zartrosa, Schwarz*
- *Pinsel, Bleistift, Zirkel, Schaschlikspieß*
- *Schere, Zickzackschere, Kraftkleber*

Gemütliche Legehennen

1. Die Tontöpfe mit Weiß grundieren. Mit dem feinporigen Schwamm nochmals weiße Farbe deckend auftupfen. Trocknen lassen. Den Rand der Glockentontöpfe danach mit Scharlachrot oder Azurblau bemalen.

2. Die Vorlage für die Punkte der Hennen auf Transparentpapier übertragen und ausschneiden. Die ausgeschnittenen Punkte als Schablone auf die Tontöpfe legen und die Konturen mit Bleistift dünn nachzeichnen. Nun die Farbflächen in Rot und Blau ausmalen, die aufgezeichneten Punkte dabei aussparen.

3. Die Vorlagen für die Schnäbel auf Tonkarton übertragen und ausschneiden. Diese Schablonen auf den Filz auflegen und die Umrisse mit einem Bleistift B2 nachfahren. Die Schnäbel nun ausschneiden und mit etwas Klebstoff auf den Tontöpfen fixieren. Mit Hilfe der Transparentpapier-Punkte die Bäckchen und den Kinnbart aufzeichnen und mit Rot ausmalen. Die Holzperlen für die Augen mit Kraftkleber befestigen.

4. Aus dem Juteband den Kamm gestalten. Für die kleine Henne das Band auf eine Länge von ca. 30 cm, für die große Henne auf eine Länge von ca. 50 cm zuschneiden. Die Bänder in gleichen Abständen zu einer Ziehharmonika legen und mit dem Basteldraht im unteren Drittel straff abbinden. Das Band legt sich wie ein Fächer. Die Bänder mit Hilfe einer Scherenspitze in die Bodenlöcher der Tontöpfe stecken. Die Marabufedern kürzen und mit Klebstoff auf dem Tontopfboden fixieren.

Material:

Kleine Henne

- *1 Tontopf, Ø 9 cm*
- *1 Glockentontopf, Ø 11,3 cm*

Große Henne

- *1 Tontopf, Ø 13 cm*
- *1 Glockentontopf, Ø 17 cm*

Für beide Figuren

- *4 Holzperlen in Schwarz*
- *Bastelfilz in Gelb und Rot*
- *Juteband in Rot, 9 cm breit*
- *3 rote Marabufedern*
- *Marabu-Decormatt Bastelfarbe in Weiß, Scharlachrot, Azurblau*
- *Basteldraht*
- *Feinporiger Küchenschwamm*
- *Transparentpapier*
- *Bleistift, Pinsel, Schere*
- *Klebstoff, Kraftkleber*

Vorlage 5

Auf Besuch bei Carla Kuh

1. Die Tontöpfe wie auf dem Foto bemalen. Nach dem Trocknen matt lackieren. Für den Euter vier Wattestäbchen-Spitzen abschneiden, auf die Wattekugel kleben und alles in Altrosa bemalen. Wie im Grundkurs auf Seite 4–5 beschrieben, die Bastelnadel mittig durch die Styroporkugel stecken und dort belassen. Für den Kopf den Rand des Puddingbechers bis zu einer Höhe von 4,5 cm abschneiden. Den Becher auf die Styroporkugel kleben. Tapetenkleister ansetzen, mit diesem dann Kugel und Becher bestreichen. Klein gerissene Seidenpapierstücke leicht überlappend auflegen und nochmals mit Kleister überstreichen. Trocknen lassen, dann den Kopf ebenfalls bemalen und nach dem Trocknen matt lackieren.

2. Das Ohr zweimal aus schwarzem Filz ausschneiden, entlang der gestrichelten Linien zweimal falten und die Falten aufeinander kleben. Die Ohren dann am Kopf fixieren. Nase, Maul und Nasenlöcher ebenfalls aus Filz zuschneiden und aufkleben. Die Halbperlen als Augen, zwei Holzperlen als Hörner anbringen.

3. Die Töpfchen für die Hufe entsprechend des Grundkurses auf Seite 4–5 anbringen. Für die Euter-Aufhängung Stickgarn auf die entsprechende Länge kürzen und am Euter fixieren. Dann den Euter mittig an die Schaschlikspieße knoten. Das Garn für die Aufhängung mit der Bastelnadel durch die Kopf-Kugel ziehen. Den Kopf nach unten schieben und mit Kraftkleber auf den Topfboden kleben. Mehrere Stickgarnfäden bündeln und straff abbinden. Diese Haare in das Loch der Aufhängung kleben. Aus dem Geschenkband eine Fliege binden und auf dem Tontopf anbringen.

Material:

- *1 Tontopf, Ø 10 cm*
- *4 Tontöpfe, Ø 3,5 cm*
- *1 Wattekugel, Ø 35 mm (Euter)*
- *6 Holzperlen, 2 Halbperlen, Ø 5 mm*
- *1 Styroporkugel, Ø 7 cm*
- *Bastelfilz in Schwarz, Altrosa, Hautfarbe*
- *Naturseidenpapier in Weiß*
- *Geschenkband in Schwarz, 3 mm breit*
- *Stickgarn in Schwarz, Schaschlikspieße*
- *Karoband, 2,5 cm breit*
- *Dünner Silberdraht, Wattestäbchen*
- *Marabu-Decormatt Bastelfarbe in Weiß, Schwarz, Zartrosa*
- *Marabu-aqua-Mattlack*
- *Pudding- oder Joghurtbecher*
- *Tonkarton, Transparentpapier*
- *Pinsel, lange Bastelnadel*
- *Tapetenkleister, Schere, Bleistift*
- *Kraftkleber, Heißklebepistole*

Vorlage 6

Schweinedame Rosa Reinlich

1. Die Glockentöpfe, den Untersetzer und die Tontöpfe mit Rosa bemalen. Den Rand der Tontöpfe mit Hautfarbe anmalen und trocknen lassen. Mit Schwarz den Mund auf den Untersetzer zeichnen. Dann die beiden Holzperlen als Nasenlöcher aufkleben.

2. Die Schaschlikspieße entsprechend dem Durchmesser des Glockentopf-Bodens kürzen. Wie im Grundkurs auf Seite 4–5 beschrieben, die Bastfäden für die „Arme" an die Hölzchen knoten. Nun die Hölzchen durch das Topfloch drücken und innen quer stellen.

3. Dann die Tontöpfe für die „Arme" an den Bast knoten. Auf die Bastenden je eine Holzperle aufziehen und die Bastfäden verknoten. Danach die Glockentöpfe für den Schweine-Körper mit Montagekleber aufeinander kleben.

4. Für den Kopf die Styroporkugel an den späteren Klebeflächen für Schnauze und Topfboden mit einem scharfen Messer begradigen. Dazu genügen einige Millimeter. Tapetenkleister nach Herstellerangabe anrühren. Das Seidenpapier in kleine Stücke reißen. Den Kleister auf die Kugel streichen und die Papierstücke nach und nach leicht überlappend auflegen. Dann nochmals alles mit Kleister überstreichen.

5. Nach dem Trocknen die Kugel auf den Topfboden kleben. Den Untersetzer mit Montagekleber als Schnauze auf dem Kopf befestigen. Danach die Halbperlen für die Augen anbringen.

6. Die Vorlage für das Ohr auf Tonkarton, dann mit Hilfe der so gefertigten Karton-Schablone zweimal auf Filz übertragen und ausschneiden. Nun die Ohren an der vorgegebenen Markierung falten. Die Falten aufeinander kleben. Dann die Ohren auf dem Kopf fixieren.

7. Mit der Scherenspitze ein Loch in den Kopf bohren. Ein kleines Hanfbündel mit Draht abbinden, kürzen und in das Loch kleben. Aus dem Geschenkband eine Fliege legen und mit Draht abbinden. Zum Schluss die Fliege auf den Glockentopf kleben.

Material:

- *2 Glockentontöpfe, Ø 11 cm*
- *4 Tontöpfe, Ø 4,7 cm*
- *1 Tontopfuntersetzer, Ø 8 cm*
- *1 Styroporkugel, Ø 8 cm*
- *2 Holzperlen, Ø 25 mm, 2 flache Holzperlen*
- *2 Halbperlen in Schwarz, Ø 5 mm*
- *Naturseidenpapier in Rosa*
- *Bastelfilz in Rosa*
- *Naturbast*
- *Geschenkband, 3,8 cm breit*
- *Dünner Silberdraht*
- *Marabu-BasicColor Plakatfarbe in Rosa, Hautfarbe, Schwarz*
- *Tonkarton, Transparentpapier*
- *Pinsel, Bleistift, Schere*
- *Tapetenkleister, Montagekleber, Kraftkleber*

Vorlage 7

Kleine Schweinerei

1. Bemalen Sie die Tontöpfe mit Purpurrosa oder Zartrosa und lassen Sie alles gut trocknen. Stecken Sie zum Bemalen die Holzkugeln auf Pinselstiele, die Wattekugeln auf Zahnstocher und malen diese ebenfalls in Zart- bzw. Purpurrosa an. Wiederum gut trocknen lassen.

2. Kleben Sie nun die Köpfe mit Kraftkleber auf die Tontöpfe. Die Öffnungen der Kugeln liegen dabei oben. Übertragen Sie die Vorlagen für die Ohren und die Schnauze zuerst auf Transparentpapier, dann auf Tonkarton und schneiden die Formen dann aus.

3. Legen Sie die so gefertigten Schablonen nun auf den Filz auf und umfahren die Konturen mit einem Bleistift B2. Arbeiten Sie pro Schweinchen jeweils ein Ohrenpaar. Schneiden Sie dann die Ohren und die Schnauzen aus dem Filz aus.

4. Kleben Sie nun die Ohren von hinten gegen die Kopf-Kugel. Fixieren Sie danach die Schnauze. Nehmen Sie mit der Spitze eines Schaschlikspießes etwas schwarze Farbe auf und tupfen damit die Augen auf. Malen Sie mit einem feinen Pinsel die Mundlinie. Zeichnen Sie dann mit Rosa die Bäckchen ein.

5. Geben Sie etwas Klebstoff auf die Schnauze und kleben die Indianerperlen auf. Bündeln Sie für die Borsten vier Paketkordelstücke und binden diese mit Draht ab. Fixieren Sie die Kordeln dann mit Klebstoff in dem Kugelloch.

6. Kleben Sie die Wattekugeln als „Ärmchen" auf den Körper. Schneiden Sie mit der Konturenschere kleine Schildchen aus Tonpapier zu und beschriften diese mit den Namen der Gäste.

7. Stanzen Sie mit der Lochzange jeweils ein Loch in die oberen Ecken der Kärtchen und ziehen jeweils ein Stück Kordel durch. Fixieren Sie die Kordelenden mit Knoten und hängen Sie die Schildchen zum Schluss den Schweinchen um den Hals.

Material:

- *3 Tontöpfe, Ø 3,5 cm*
- *3 Holzkugeln, Ø 25 mm*
- *6 Wattekugeln, Ø 10 mm*
- *Bastelfilz in Rosa*
- *Indianerperlen in Schwarz*
- *Tonpapier in Altrosa*
- *Tonkarton, Transparentpapier*
- *Dünne Paketkordel*
- *Marabu-Decormatt Bastelfarbe in Zartrosa, Purpurrosa, Schwarz*
- *Marabu-BasicColor Plakatfarbe in Rosa*
- *Bleistift, Pinsel, Pinzette*
- *Schere, Konturenschere*
- *Lochzange, Kraftkleber*

Vorlage 8

LOTTE
ANNA
FRANZ

Katze Mia heißt willkommen

1. Die drei Tontopfuntersetzer mit Violett bemalen. Trocknen lassen. Auf den äußeren Boden des kleinen Untersetzers die Nasen- und Mundlinie mit Schwarz aufmalen. Nach dem Trocknen die Untersetzer zum Schutz mit Mattlack übermalen.

2. Die Holzkugeln auf Pinselstiele stecken und ebenfalls mit Violett bemalen. Trocknen lassen. Das Holzherz purpurrosa malen. Die Schrift vom Vorlagenbogen auf Transparentpapier pausen und auf das Holzherz übertragen. Die Schrift mit einem feinen Pinsel mit Schwarz nachmalen. Trocknen lassen und ebenfalls mit Mattlack überziehen.

3. Von der Vorlage für Ohr und Nase je eine Schablone aus Tonkarton herstellen. Diese Schablonen auf den Jutestoff auflegen, die Konturen mit einem Stift umfahren und die Formen dann ausschneiden. Es werden vier Ohren und zwei Nasen benötigt. Jeweils zwei Ohren gegeneinander kleben. Die Ohren mit Kraftkleber auf dem unteren Untersetzer anbringen. Nun den zweiten Untersetzer dagegen kleben. Die beiden Nasenteile aufeinander kleben und auf dem bemalten Untersetzer befestigen. Diesen Untersetzer nun auf den größeren Untersetzer kleben. Die Halbperlen als Augen, die Zahnstocher als Schnurrhaare anbringen.

4. Etwa 60 cm violetten Bast entsprechend dem Grundkurs auf Seite 4–5 an die Hölzchen knoten und die Tontopfarme befestigen. Die Kugeln als Pfoten anknoten. Für den Kopf das runde Holzstück mit Kraftkleber in dem Tontopfloch fixieren. Das Holzstück soll dabei schräg nach hinten stehen. Den Kleber trocknen lassen. Danach den Kopf auf Topfboden und Holzstück kleben.

5. Das beschriftete Herz mit dem Stickgarn um den Hals der Katze binden. Aus dem Juteband eine einfache Fliege legen, mit Draht abbinden und auf dem Topf fixieren. Aus mehreren Bastschnüren von ca. 30 cm Länge einen Schwanz flechten. Auf das Ende die Holzkugel schieben und mit etwas Klebstoff fixieren. Den Schwanz von hinten gegen den Tontopf kleben.

Material:

- *1 Rosentontopf, Ø 9 cm*
- *2 Tontopfuntersetzer, Ø 9 cm*
- *1 Tontopfuntersetzer, Ø 6,8 cm*
- *4 Tontöpfe, Ø 3,5 cm*
- *2 Holzkugeln, Ø 25 mm, 1 Holzkugel, Ø 30 mm*
- *1 Holzherz, dünner Basteldraht*
- *2 Halbperlen in Schwarz, 8 mm*
- *1 rundes Holzstück, Ø 6 mm, 3 cm lang*
- *Stickgarn in Purpur, Naturbast in Violett*
- *Juteband in Hellgrün, 9 cm breit, Jutestoff*
- *Schaschlikspieße, 6 Zahnstocher*
- *Tonkarton, Transparentpapier*
- *Marabu-BasicColor Plakatfarbe in Violett rötlich, Schwarz, Purpurrosa*
- *Marabu-aqua-Mattlack*
- *Pinsel, Bleistift, Schere*
- *Klebstoff, Kraftkleber*

Vorlage 9

WELCOME
FRIENDS!

Familie Feldmaus

1. Die Holz-Eier auf Holzstäbchen stecken und mit Terrakotta oder Mittelbraun bemalen. Trocknen lassen.

2. Die Paketkordel doppelt nehmen, mittig an das auf die Größe des Topfbodens zugeschnittene Holzstäbchen knoten und dieses nun durch die Topföffnung drücken (siehe Grundkurs Seite 4–5). Das Holzstäbchen im Topfinneren quer stellen und ggf. mit etwas Klebstoff fixieren. Die Perlen auffädeln und mit einem Knoten fixieren. Die Köpfe mit Kraftkleber auf die Tontopfböden kleben.

3. Für die Ohren eine Schablone aus Tonkarton herstellen. Die Schablonenkontur mit einem Bleistift B2 für die großen Ohren 4 x, für die kleinen Ohren 2 x auf dem Filz umfahren. Die Ohren ausschneiden und gegen die Köpfe kleben. Die Pompons als Nasen aufkleben. Einige Kokosbesenhaare als Barthaare befestigen. Die Augen am besten mit Hilfe einer Pinzette auf die Köpfe kleben.

4. Für die Fliegen schmale Filzstreifen zuschneiden. Die Filzenden in der Mitte aufeinander legen und mit dem Silberdraht straff abbinden. Dann die Fliegen mit Kraftkleber auf die Tontöpfe kleben.

Material:

- *2 Tontöpfe, Ø 5,5 cm*
- *1 Tontopf, Ø 4,7 cm*
- *2 Holzeier, 5 cm, 1 Holzei, 4 cm*
- *6 Holzperlen*

- 6 Halbperlen in Schwarz, Ø 3 mm
- Bastelfilz in Orange
- Kokosbesenhaare, Pompons in Braun
- Dünner Silberdraht, dünne Paketkordel
- Schaschlikspieß
- Marabu-BasicColor Plakatfarbe in Terrakotta und Mittelbraun
- Tonkarton, Transparentpapier
- Bleistift, Pinsel, Schere
- Kraftkleber

Vorlage 10

Im Grünen zuhause

1. Die Holzkugel zum Bemalen auf einen Pinselstiel stecken und mit Hautfarbe grundieren. Trocknen lassen. Die Perle als Nase mit Montagekleber befestigen. Die Perlenöffnung mit Klebstoff ausfüllen. Nach dem Trocknen die Perle ebenfalls hautfarben bemalen. Die Mundlinie mit Schwarz, die Bäckchen mit Rosa aufmalen. Zum Schutz eine Schicht Mattlack auftragen.

2. Die Halbperlen als Augen mit Kraftkleber anbringen. Mehrere Paketkordelstücke bündeln und in der Mitte straff abbinden. Die Kordeln auseinander zwirbeln. Die Haare dann in der Kugelöffnung fixieren.

3. Die Paketkordel an die auf die Größe des Rosentopfbodens zugeschnittenen Schaschlikspieße knoten und diese durch die Topföffnung drücken (siehe Grundkurs Seite 4–5). Die Hölzchen innen quer stellen. Die Tontöpfchen für die Arme auf die Kordel aufziehen und mit innenliegenden Knoten sichern. Die länglichen Holzperlen als Hände auffädeln, die Kordelenden verknoten.

4. Aus der Grasranke einen Ring mit dem Durchmesser des Topfbodens formen. Die Drahtenden ineinander drehen. Die Ranke mit Heißkleber auf dem Topfboden fixieren. Danach den Kopf mit Montagekleber auf dem Topfboden anbringen, die Streublumen als Knöpfe befestigen. Die kleinen Holzperlen in die Blütenmitten kleben.

5. Die Flügel-Vorlage auf Tonkarton übertragen und ausschneiden. Diese Tonkartonschablone auf den Jutestoff legen und die Schablonenkontur zweimal mit einem weichen Bleistift umfahren. Dann beide Flügel aus dem Jutestoff ausschneiden, aufeinander kleben und am Rosentopf befestigen.

6. Das Schild und das Rundholz grün bemalen, trocknen lassen. Die Schrift von der Vorlage auf Transparentpapier pausen und auf das Schild übertragen. Die Schrift mit Schwarz nachziehen. Dann das Schild zum Schutz mit Mattlack übermalen. Trocknen lassen, danach die Streublume aufkleben. Zum Schluss den Rundholzstab mit Montagekleber hinter das Schild kleben.

Material:

- *1 Rosentopf, Ø 10 cm*
- *2 Tontöpfe, Ø 3,5 cm*
- *1 Holzkugel, Ø 6,5 cm*
- *2 Halbperlen in Schwarz, 3 mm*
- *2 längliche Holzperlen*
- *Kleine gelbe Holzperlen*
- *1 Holzschild, 4 x 7 cm*
- *4 Streublumen aus Holz, Grasranke*
- *Rundholzstab, Ø 5 mm, 20 cm lang*
- *Dicke Paketkordel*
- *Jutestoff*
- *Tonkarton, Transparentpapier*
- *Schaschlikspieße*
- *Marabu-BasicColor Plakatfarbe in Hautfarbe, Schwarz, Rosa, Flouresco-Grün*
- *Marabu-aqua Mattlack*
- *Bleistift, Pinsel, Schere*
- *Kraftkleber, Klebepistole, Montagekleber*

Vorlage 11

MY HOME
IS MY GARDEN !

Freche Raben

1. Die Holzkugeln auf die Körper-Tontöpfe kleben. Die Kugeln und die Töpfe schwarz bemalen. Trocknen lassen. Die Tontopfhüte mit Heißkleber auf die Köpfe kleben.

2. Die Vorlagen für Schnäbel, Füße und Flügel zuerst auf Transparentpapier, dann auf Tonkarton in den entsprechenden Farben übertragen und ausschneiden. Die Schnäbel entlang der gestrichelten Linie mit der Sticknadel entlang eines Lineals falzen. Die Schnäbel falten und mit Heißkleber auf die Köpfe kleben. Die Füße unter die Tontöpfe kleben. Die Flügel entsprechend der gestrichelten Linien falzen, Kraftkleber auf die Klebelaschen auftragen, die Flügel an den Seiten der Töpfe fixieren.

3. Die Wackelaugen aufkleben. Zwei Marabufedern kürzen und mit wenig Klebstoff hinter dem Schnabel anbringen. Aus dem Geschenkband zwei Fliegen legen, in der Mitte mit Draht abbinden und mit Heißkleber auf den Tontöpfen fixieren.

Material:

- *Je 1 Tontopf, Ø 7 cm, 4,7 cm*
- *Je 2 Tontöpfe, Ø 5,5 cm*
- *2 Holzkugeln, Ø 5 cm und 4,5 cm*
- *Je 2 Wackelaugen, Ø 10 mm, 7 mm*
- *Marabufedern, dünner Silberdraht*
- *Geschenkband, 4 cm breit*
- *Tonkarton in Gelb und Schwarz*
- *Transparentpapier*
- *Marabu-Decormatt Bastelfarbe in Schwarz*
- *Bleistift, Pinsel, Schere*
- *Kraftkleber, Klebepistole*

Vorlage 12

Vogelscheuche Viktor

1. Für die Vogelscheuche zuerst im unteren Körper-Tontopf Kraftkleber um die innen liegende Topföffnung auftragen. Den Holzstab nun durch die Öffnung stecken. Die Holzkugel auf dem Stabende fixieren. Gut trocknen lassen, dann die Styroporkugel mit Kraftkleber im Topf fixieren. Für den zweiten Tontopf drei lange Bastfäden an den auf die Größe des Topfbodens gekürzten Schaschlikspieß knoten (siehe Grundkurs Seite 4–5). Das Hölzchen durch die Topföffnung drücken und innen quer stellen. Mehrere ca. 10 cm lange Bastfäden mit Basteldraht an den bereits vorhandenen Bastfäden befestigen. Dazu die Bastfäden im Schulterbereich mehrmals mit dem Draht straff umwickeln. Zur Stabilisierung in die Bastbüschel je einen Zahnstocher schieben.

2. Die Holzkugel hautfarben bemalen. Trocknen lassen. Die Holzperle als Nase, die Halbperlen als Augen aufkleben. Den Mund mit Schwarz aufmalen. Für die Haare einige Bastfäden bündeln, im oberen Drittel mit Draht straff abbinden. Den gebündelten Bast im Kugelloch fixieren. Die Haare sternenförmig nach unten drücken. Den kleinen Hut-Tontopf mit Heißkleber darauf fixieren. Dann den Kopf auf dem Körper befestigen.

3. Aus ca. 9 cm Geschenkband eine kleine Fliege fertigen. Dazu die beiden Bandenden in der Mitte aufeinander legen, raffen und mit dem Draht straff abbinden. Die Fliege mit Heißkleber auf den Tontopf kleben, die Holzperlen als Knöpfe anbringen. Den Oberkörper-Topf mit Kraftkleber auf die Styroporkugel und den unteren Tontopf kleben. Aus hellgrünem Filz mit der Zickzackschere ein Band mit einer Breite von 1,5 cm schneiden und über der Klebenaht anbringen. Die Flicken zuschneiden und auf Hut und Körper kleben.

4. Für den Raben die beiden Wattekugeln schwarz bemalen, trocknen lassen. Die Kugeln mit Heißkleber aufeinander kleben. Aus orangefarbenem Filz einen kleinen Schnabel schneiden und auf die Kopf-Kugel kleben. Mit weißer Farbe die Augen aufsetzen. Die Marabufeder kürzen und als Schwanz auf den Körper kleben. Den Raben mit Heißkleber auf den Arm der Vogelscheuche kleben. Den Rechen wie auf dem Foto anbringen.

Material:

- *2 Tontöpfe, Ø 5,5 cm, 1 Tontopf, Ø 3,5 cm*
- *1 Styroporkugel, Ø 5 cm*
- *1 Rundholzstab, Ø 6 mm*
- *1 Holzkugel, Ø 25 mm, mit Loch von Ø 6 mm*
- *1 Holzkugel, Ø 40 mm*
- *2 Wattekugeln, Ø 15 mm und 10 mm*
- *Marabufeder in Schwarz*
- *1 rote Holzperle, Naturbast in Gelb*
- *2 Halbperlen in Schwarz, Ø 3 mm*
- *Geschenkband, 2,5 cm breit*
- *Bastelfilz in Rot, Hellgrün, Gelb*
- *Kleiner Holzrechen, dünner Basteldraht*
- *Marabu-Decormatt Bastelfarbe in Hautfarbe, Schwarz, Weiß*
- *Pinsel, Schere, Zickzackschere*
- *Klebepistole, Kraftkleber*

Apfelmännchen

1. Für die Arme die Bastfäden um zwei auf die Größe des Tontopf-Bodens gekürzte Schaschlikspieße knoten. Die Holzstäbchen durch die Topföffnung drücken und innen quer stellen (siehe Grundkurs Seite 4–5). Die Arm-Töpfchen auf die Bastfäden schieben und mit einem Knoten fixieren. Als Hände Holzkugeln einknoten. Die Apfelstiele herausziehen, kürzen und nach Wunsch als Nase aufkleben. Die Perlen für die Augen und die Kleidung anbringen, dann die Äpfel mit Montagekleber auf die Topfböden kleben.

2. Für die Apfelfrau und das Apfelkind mehrere Bastfäden bündeln und im unteren Drittel mit Draht straff abbinden. Einen Bastfaden über den Draht binden. Die Bastbündel mit Heißkleber in der Apfelmitte anbringen. Verschiedene Bastschleifen fertigen, mit Heißkleber auf den Töpfen fixieren.

3. Für die Haare des Apfelmanns mehrere Bastfäden bündeln und im oberen Drittel mit Draht straff abbinden. Die Basthaare sternenförmig auf den Kopf kleben, den Hut mit Heißkleber darauf fixieren. Einige Bastfäden um den Hals binden und eine kleine Bastschleife auf den Topfhut kleben.

Material:

- *3 Tontöpfe, Ø 9 cm, 6 Tontöpfe, Ø 3,5 cm, 1 Tontopf, Ø 7 cm*
- *6 Holzkugeln, Ø 20 mm, Schere*
- *Kleine Holzperlen, 3 Deko-Äpfel*
- *Naturbast in Gelb, Schaschlikspieße*
- *Klebepistole, Montagekleber, Kraftkleber*

Kräutertopf Berta

1. Für den Dosendeckel einige Bastfäden mit Klebekissen auf der Innenseite eines der Untersetzer fixieren. Die Bastfäden seitlich überhängen lassen. Den zweiten Untersetzer mit Montagekleber Rand auf Rand mit dem ersten Untersetzer zusammenfügen. Trocknen lassen. Die Tontöpfe und Holzperlen für die Arme und Hände auf die Bastfäden aufziehen und verknoten.

2. Einen Kreis mit 16 cm Durchmesser mit der Zickzackschere aus dem Filz zuschneiden. Den Filz auf den Boden und Rand des oberen Untersetzers kleben. Den Styroporkugelkopf auf einen Schaschlikspieß stecken.

3. Die kleine Styroporkugel und die Wattekugel mit der Klebepistole auf den Styroporkugelkopf kleben. Die kleine Wattekugel wird später die Nase, die Styroporkugel dient zur Befestigung des Dutts.

4. Den Tapetenkleister nach Herstellerangabe ansetzen. Das hellbraune Naturseidenpapier in kleine Stücke reißen. Den Kleister auf die Kugeln auftragen. Die Papierstücke nach und nach leicht überlappend darauf legen. Nochmals mit Kleister überstreichen und trocknen lassen. Die Mundlinie mit Schwarz aufmalen. Die Bäckchen aus rotbraunem Papier zuschneiden und ebenfalls mit Kleister aufkleben. Den Kopf mit Heißkleber auf dem Filz fixieren.

5. Für den Dutt einen Hanfstrang mehrmals um die Styroporkugel führen und mit Steckkrampen fixieren. Einen weiteren Hanfstrang um die Stirn legen und feststecken. Einige Bastfäden um den Hals zu einer Schleife binden. Die Blümchen und Blätter mit Heißkleber anbringen. Zum Schluss den Deckel auf den Doppelrandtontopf setzen.

Material:

- *1 Doppelrandtontopf, Ø 11 cm*
- *2 Tontopfuntersetzer, Ø 11 cm*
- *4 Tontöpfe, Ø 3,5 cm*
- *Je 1 Styroporkugel, Ø 8 cm und 3,5 cm*
- *1 Wattekugel, Ø 20 mm*
- *2 Holzperlen, Ø 15 mm*
- *2 Holzperlen in Schwarz*
- *Naturseidenpapier in Hellbraun und Rotbraun, Hanf*
- *Naturbast, Bastelfilz in Rostrot*
- *Kunstblümchen*
- *Transparentpapier, Kohlepapier*
- *Marabu-Decormatt Bastelfarbe in Schwarz*
- *Steckkrampen, Tapetenkleister*
- *Bleistift, Pinsel, Klebekissen*
- *Schere, Zickzackschere*
- *Kraftkleber, Klebepistole*

Vorlage 13

Ordnung muss sein!

1. Den Draht mit der Zange aus den Deko-Kürbissen herausziehen. Die Kürbisse als Nase, Ohren und Mund mit Montagekleber aufkleben und am besten über Nacht trocknen lassen.

2. Die Wattekugeln auf Zahnstocher stecken und mit Gelb oder Orange bemalen. Gut trocknen lassen. Dann die Pupillen mit Schwarz aufmalen. Danach die Augen mit Heißkleber auf die Töpfe kleben.

3. Für die Haare mehrere Bastfäden bündeln und mit dem Basteldraht in der Mitte straff abbinden. Den Draht mit einem Baststreifen kaschieren. Die Haare wie auf dem Foto an den Töpfen befestigen.

Material:

- *Je 1 Rosentopf, Ø 11,5 cm, 9,5 cm*
- *Deko-Kürbisse mit Draht in verschiedenen Arten und Größen*
- *4 kleine Wattekugeln*
- *Naturbast in Rotorange*
- *Dünner Basteldraht*
- *Marabu-Decormatt Bastelfarbe in Gelb, Orange, Schwarz*
- *Zange, Pinsel, Schere*
- *Montagekleber*

Gut aufgehoben

1. Für den Zwiebeltopf eine Deko-Zwiebel mit Heißkleber im Tontopf fixieren. Den Topfboden mit Montagekleber auf den Boden des Untersetzers kleben.

2. Vier Jutebänder ziehharmonikaartig falten und an einer Seite der Faltung mit Basteldraht straff abbinden. Die Drahtenden ineinander verdrehen. Die Bänder um den kleinen Tontopf auf dem Untersetzer befestigen.

3. Mehrere Bastfäden bündeln und mit dem Draht abbinden. Die Bastbüschel dekorativ in die Zwischenräume auf dem Untersetzer kleben. Zum Schluss die beiden weiteren Deko-Zwiebeln mit Heißkleber auf Bast und Band fixieren.

4. Für den Knoblauchtopf ebenfalls ein Stück Juteband fächerartig falten und mit dem Draht abbinden. Das Band mit Heißkleber auf dem Boden des Untersetzers befestigen. Den Knoblauch mit Heißkleber in dem Tontöpfchen fixieren. Dieses dann mit Montagekleber auf dem Untersetzer anbringen.

5. Aus hellem und orangefarbenem Bast mehrere unterschiedlich lange Bastfäden zusammennehmen und mit Draht in der Mitte straff abbinden. Die Bastfäden fächerartig auseinander ziehen und mit Heißkleber auf Tontopf und Juteband fixieren. Den zweiten Knoblauch auf das Band kleben.

Material:

Zwiebeltopf

- *1 Glockentopf, Ø 17 cm*
- *1 Tontopfuntersetzer, Ø 17 cm*
- *1 Tontopf, Ø 4,7 cm*

Knoblauchtopf

- *1 Glockentopf, Ø 13 cm*

- 1 Tontopfuntersetzer, Ø 13 cm
- 1 Tontopf, Ø 3,5 cm

Außerdem
- 3 Deko-Zwiebeln
- 2 Deko-Knoblauchzwiebeln
- Juteband in Hellgrün, 8 cm breit
- Naturbast in Hell und Rotorange
- Dünner Basteldraht, Schere
- Klebepistole, Montagekleber

Alles Tomate!

1. Die Tontöpfe zuerst mit Weiß grundieren. Dazu die Farbe mit dem Küchenschwamm auftupfen. Trocknen lassen, dann die Tontöpfe mit Zinnoberrot bemalen und wiederum gut trocknen lassen. Die Holzkugeln auf Pinselstiele stecken und rot bemalen. Nach dem Trocknen Augen und Mund mit Schwarz aufmalen. Weiße Glanzpunkte in die Augen setzen.

2. Die Vorlage des Tomatengrüns und der Blüten auf Tonkarton übertragen und ausschneiden. Die so gefertigte Tonkarton-Schablone auf Filz in den entsprechenden Farben auflegen und die Konturen mit einem Stift umfahren. Danach alle Teile aus dem Filz ausschneiden.

3. Die Schaschlikspieße entsprechend der Größe der Topfböden kürzen. An die Hölzchen jeweils 2 Bänder für die Arme und die Beine anknoten. Die Hölzchen dann mit den Beinbändern durch die Topföffnung drücken und innen quer stellen (siehe Grundkurs Seite 4–5).

4. Die Perlen für die Hände und die Füße auf die Bänder ziehen mit einem Knoten fixieren. Das Tomatengrün auf die Topfböden kleben, dann die Köpfe auf dem Grün befestigen. Danach die Blüten auf die Köpfe kleben.

5. Das Stickgarn doppelt nehmen und mit der Sticknadel von unten durch den Topfrumpf, das Grün und die Köpfe ziehen. Die gelben Perlen auffädeln. Das Garn zu einer Schlaufe knoten.

Material:

- *1 Tontopf, Ø 7 cm, 2 Tontöpfe, Ø 4,7 cm*
- *1 Holzkugel, Ø 40 mm (Kopf)*
- *2 Holzkugeln, Ø 35 mm (Köpfe)*
- *4 Holzkugeln, Ø 20 mm (Hände und Füße, große Tomate)*
- *6 rote Holzperlen (Hände und Füße, kleine Tomaten)*
- *3 Holzperlen in Orange*
- *Bastelfilz in Hellgrün und Gelb*
- *Tonkarton, Transparentpapier*
- *Geschenkband in Hellgrün, 3 mm breit*
- *Stickgarn in Hellgrün*
- *Spitze Sticknadel*
- *Feinporiger Schwamm (Küchenschwamm)*
- *Schaschlikspieße*
- *Marabu-Decormatt Bastelfarbe in Weiß, Zinnoberrot, Schwarz*
- *Bleistift, Pinsel, Schere*
- *Heißklebepistole*

Vorlage 14

Herbstlicher Stroh-Geselle

1. Zuerst die Bastfäden für die Arme und Beine mit Hilfe der Bastelnadel durch den Strohballen ziehen. Für die Arme dabei die Bastfäden waagerecht durch den Ballen ziehen, für die Beine zwei Bastfadenstränge senkrecht. Die Enden der Fäden im Schulterbereich fest verknoten. Die Fäden vorerst lang belassen.

2. Nun die Paketkordel für die spätere Aufhängung mit der Nadel durch die Mitte des Strohballens ziehen. Das untere Kordelende mit einem Knoten fixieren. Die Kordel vorerst ebenfalls lang belassen.

3. Die Töpfchen für die Arme und die Beine auffädeln und jeweils mit einer Holzperle sichern. Unter das letzte Arm-Töpfchen die Holzkugeln als Hände auffädeln, dann die Bastfäden verknoten.

4. Zum Anbringen der Haare auf dem Kopf die Styroporkugel mit einem Messer halbieren. Die Paketkordel mit der Bastelnadel durch den Tontopfboden und die Mitte der halbierten Styroporkugel ziehen. Die gerade Schnittfläche der Kugel soll mit dem Topfrand bündig sein. Die Kugel im Topf festkleben. Den Tontopf mit Kraftkleber auf den Strohballen kleben. Den Kleber am besten über Nacht trocknen lassen.

5. Die Holzperlen für Nase und Augen aufkleben. Für die Haare die Bastfäden bündeln und im oberen Drittel mit Draht straff abbinden.

6. Die Aufhängekordel durch die Haare ziehen. Die Haare dann mit Heißkleber auf dem Kopf fixieren und auf die gewünschte Länge kürzen.

7. Juteband zu einer Fliege legen und mit Draht abbinden. Die Fliege mit Heißkleber auf dem Strohballen fixieren. In die Kordel eine Aufhängeschlaufe knoten.

Material:

- *1 Tontopf, Ø 7 cm*
- *4 Tontöpfe, Ø 3,5 cm*
- *4 Tontöpfe, Ø 4,7 cm*
- *1 Strohballen, 8 x 11 cm*
- *2 Holzkugeln, Ø 25 mm*
- *1 Styroporkugel, Ø 6 cm*
- *Holzperlen*
- *Lange Bastelnadel*
- *Naturbast*
- *Paketkordel*
- *Juteband, 5,5 cm breit*
- *Dünner Basteldraht in Silber*
- *Schere*
- *Kraftkleber*
- *Klebepistole*

Herziges aus Stroh

1. Die Tontöpfe mit Weiß grundieren und trocknen lassen. Dann einen zweiten Anstrich mit Rot auftragen und wiederum gut trocknen lassen. Die Halbkugel ebenfalls rot bemalen.

2. Mit der langen Bastelnadel die Kordelschnüre für die Arme und die Beine einziehen. Dazu für die Arme jeweils drei Kordelstücke waagerecht durch das Herz ziehen. Die Kordelstücke mit Knoten sichern, dann Schnüre flechten. Die Tontöpfchen für die Arme auffädeln und die Schnüre verknoten.

3. Für die Beine sechs längere Kordelstücke senkrecht durch das Herz ziehen. Die Schnüre ebenfalls flechten, die Tontöpfchen für die Füße auffädeln, die Schnüre dann gut verknoten.

4. Für die Aufhängung mit der Nadel ein längeres Kordelstück durch die obere Herzmitte ziehen und mit einem Knoten sichern. Zum Schluss die Nase und die Augen mit Heißkleber fixieren.

Material:

- *1 Strohherz, 18 cm breit und 18 cm lang*
- *4 Tontöpfe, Ø 4,7 cm*
- *1 Holzhalbkugel, Ø 30 mm*
- *2 Holzperlen in Dunkelbraun*
- *Marabu-Decormatt Bastelfarbe in Weiß und Scharlachrot*
- *Pinsel, lange Bastelnadel*
- *Dünne Paketkordel*
- *Schere*
- *Klebepistole*

Impressum

Entwürfe und Realisation: Petra Boniberger
Programmleitung: Susanne Klar
Lektorat: Ulrike Bogatz
Fotos und Styling: Fotostudio Oswald,
79739 Schwörstadt, www.visuelle-medien.de
Umschlaggestaltung: Stefan Hagen
Druck und Verarbeitung: J. P. Himmer, Augsburg

ISBN 3-89858-336-8

2. Auflage 2003

Herstellerverzeichnis

Farben und Lacke:
Marabuwerke GmbH & Co.
Asperger Str. 4
71732 Tamm

Hobby- und Bastelbedarf:
Rayher, KnorrPrandell, Heyda-Werke, Uhu,
alle über Hobby- und Bastelfachhandel